Frenesia della preparazione del cibo

Guida ai pasti facile e veloce

Tristan Dennis Baker

Diritto d'autore ©
[2024][Tristan Dennis Baker]
Tutti i diritti riservati.

Nessuna parte di questo libro
può essere riprodotta, archiviata
in un sistema di recupero o
trasmessa in qualsiasi forma o
con qualsiasi mezzo, elettronico,
meccanico, fotocopiatrice,
registrazione o altro, senza il
previo consenso scritto
dell'autore.

Sommario

Introduzione

Nel mondo frenetico di oggi, trovare il tempo per preparare pasti sani può essere una sfida ardua. Molti individui e famiglie lottano con la routine quotidiana della cucina, spesso ricorrendo a pasti da asporto o preconfezionati che compromettono la nutrizione e il sapore. Food Prepper Frenzy offre una soluzione a questo dilemma introducendo il concetto di preparazione dei pasti come approccio efficiente e pratico alla pianificazione dei pasti.

La preparazione dei pasti non riguarda solo la cucina; si tratta di creare uno stile di vita che dia priorità alla salute, alla comodità e alla sostenibilità. Dedicando del tempo ogni settimana alla preparazione dei pasti in anticipo, potrai goderti i benefici dei piatti fatti in casa senza lo stress della cucina quotidiana. Questo libro è pensato per chiunque voglia semplificare la routine dei pasti, dai professionisti e genitori impegnati agli studenti e agli appassionati di salute.

Questa guida ti fornisce gli strumenti, le strategie e l'ispirazione necessari per padroneggiare l'arte della preparazione del cibo. Imparerai come pianificare in modo efficiente i pasti, scegliere ingredienti bilanciati e massimizzare lo spazio in cucina. Ogni capitolo contiene consigli pratici, ricette facili da seguire e suggerimenti per risparmiare tempo che soddisfano diverse preferenze alimentari e stili di vita.

Comprendiamo che il viaggio verso una preparazione dei pasti di successo può essere travolgente. Pertanto, questo libro suddivide il processo in passaggi gestibili, assicurandoti di poter integrare perfettamente la preparazione dei pasti nella tua routine. Scoprirai come preparare colazioni, pranzi, cene e spuntini nutrienti che soddisfino le tue voglie e soddisfino le tue esigenze dietetiche.

Che tu stia cercando di risparmiare tempo, ridurre gli sprechi alimentari o semplicemente goderti pasti più sani, Food Prepper Frenzy fornisce una tabella di marcia completa per raggiungere i tuoi obiettivi. Con questo libro non solo imparerai a preparare i pasti in anticipo, ma coltiverai anche una mentalità che abbraccia un'alimentazione consapevole e una vita consapevole. Benvenuto nel mondo della preparazione dei pasti, dove la praticità incontra la nutrizione e goditi la trasformazione che deriva dalla preparazione.

Capitolo 1

Iniziare con la preparazione del cibo

La preparazione del cibo è un modo pratico ed efficiente per semplificare i pasti e risparmiare tempo cucina e promuovere abitudini alimentari più sane. Questo capitolo tratterà gli elementi essenziali per iniziare con la preparazione del cibo, compresi gli strumenti necessari, l'organizzazione della cucina e come creare un piano alimentare adatto a te.

Strumenti e attrezzature essenziali

Per prepararti a preparare con successo il cibo, è importante avere gli strumenti e le attrezzature giuste. Ecco un elenco di elementi essenziali che renderanno più agevole il tuo viaggio nella preparazione dei pasti:

1. Contenitori per la conservazione: investi in una varietà di contenitori per la conservazione degli alimenti, comprese le opzioni in vetro e plastica senza BPA. Cerca contenitori adatti al microonde, lavabili in lavastoviglie e disponibili in diverse dimensioni per ospitare varie porzioni di pasto.

2. Taglieri e coltelli: un tagliere robusto e coltelli affilati sono fondamentali per un'efficace preparazione del cibo. Considera l'idea di avere taglieri separati per carne e verdure per evitare la contaminazione incrociata.

3. Strumenti di misurazione: misurini e cucchiai accurati ti aiuteranno a seguire le ricette e a porzionare correttamente i tuoi pasti. Anche una bilancia per alimenti può essere utile per misurazioni precise.

4. Frullatore o robot da cucina: questi elettrodomestici sono preziosi per preparare frullati, salse e condimenti, facendoti

risparmiare tempo e fatica durante la preparazione.

5. Pentola a cottura lenta o pentola istantanea: questi elettrodomestici che fanno risparmiare tempo consentono di cucinare senza mani, rendendo più semplice la preparazione dei pasti durante la giornata.

6. Etichette e indicatori: tenere traccia dei pasti preparati è essenziale. Utilizza le etichette per annotare il contenuto e la data di ciascun contenitore per garantirne la freschezza.

Organizzare la tua cucina per il successo

Una cucina organizzata può migliorare significativamente la tua esperienza di preparazione dei pasti. Considera questi suggerimenti per ottimizzare il tuo spazio:

1. Metti in ordine il tuo spazio di lavoro: rimuovi tutti gli oggetti non necessari dai banconi e dai cassetti. Tieni a portata di mano

solo gli strumenti e le attrezzature che usi regolarmente.

2. Designare un'area per la preparazione dei pasti: identifica un'area specifica nella tua cucina per la preparazione del cibo. Potrebbe trattarsi di un piano di lavoro o di un'isola da cucina dove puoi facilmente assemblare e conservare i tuoi pasti.

3. Raggruppa insieme oggetti simili: organizza la dispensa, il frigorifero e il congelatore raggruppando insieme alimenti simili. Ciò semplifica la ricerca degli ingredienti durante la pianificazione dei pasti e aiuta a prevenire gli sprechi alimentari.

4. Crea un programma di preparazione dei pasti: determina un giorno e un'ora che funzionano meglio per te da dedicare alla preparazione dei pasti ogni settimana. La coerenza è la chiave per stabilire una routine.

Creare il tuo piano alimentare

Un piano alimentare ben studiato è la spina dorsale di una preparazione efficace del cibo. Ecco come crearne uno che soddisfi le tue esigenze:

1. Valuta il tuo programma: considera la tua settimana in anticipo. Individua i giorni impegnativi in cui potresti non avere tempo per cucinare e pianifica i tuoi pasti di conseguenza.

2. Seleziona ricette: scegli una varietà di ricette che possono essere preparate in lotti e contengono ingredienti che possono essere facilmente mescolati e abbinati. Obiettivo per un equilibrio di proteine, carboidrati e verdure.

3. Crea una lista della spesa: in base alle ricette selezionate, crea una lista della spesa completa. Organizza l'elenco per categoria di alimenti per rendere lo shopping più efficiente.

4. Inizia in piccolo: se sei nuovo nella preparazione dei pasti, inizia con alcune ricette ogni settimana. Man mano che acquisisci sicurezza, aumenta gradualmente il numero di pasti che prepari.

5. Rimani flessibile: la vita può essere imprevedibile. Non aver paura di modificare il tuo piano alimentare secondo necessità. Avere alcune ricette e ingredienti di riferimento può aiutarti ad adattarti ai cambiamenti.

Con gli strumenti giusti, una cucina ben organizzata e un programma alimentare accurato, sei sulla buona strada per padroneggiare la preparazione del cibo. Questo capitolo pone le basi per i capitoli successivi, che ti forniranno ricette e strategie specifiche per rendere la routine di preparazione dei pasti ancora più efficace. Abbraccia il viaggio della preparazione del cibo e osserva come trasforma le tue abitudini culinarie e il tuo stile di vita in generale.

Capitolo 2

Nozioni di base sulla preparazione dei pasti

Padroneggiare i fondamenti della preparazione dei pasti pone le basi per una pratica sostenibile e di successo. Questo capitolo si concentra sui concetti essenziali, tra cui il controllo delle porzioni, la scelta equilibrata degli ingredienti e le tecniche di conservazione degli alimenti. Comprendendo queste nozioni di base, puoi creare pasti nutrienti che si adattano al tuo stile di vita riducendo al minimo gli sprechi e massimizzando il sapore.

Comprendere il controllo delle porzioni

Il controllo delle porzioni è fondamentale nella preparazione dei pasti per assicurarti di mangiare la giusta quantità di cibo per le tue esigenze dietetiche. I pasti adeguatamente porzionati possono aiutare a gestire la fame, mantenere i livelli di energia e supportare gli obiettivi di salute. Ecco alcune linee guida per aiutarti:

1. Conosci il tuo fabbisogno calorico: scopri quante calorie hai bisogno ogni giorno in base alla tua età, sesso, peso e livello di attività. Numerosi calcolatori online possono fornirti queste informazioni.

2. Utilizza gli ausili visivi: acquisisci familiarità con le dimensioni delle porzioni utilizzando oggetti comuni come riferimenti. Ad esempio, una porzione di proteine ha le dimensioni di un palmo della mano, una porzione di verdure può stare in una mano a coppa e i cereali o gli amidi dovrebbero avere le dimensioni di un pugno.

3. Dividi il tuo piatto: segui il metodo del piatto dividendo il tuo pasto in porzioni. Cerca di riempire metà del piatto con verdure, un quarto con proteine e un quarto con cereali integrali o amidi.

4. Adatta le porzioni per obiettivi diversi: se stai mirando a perdere peso, potresti voler ridurre leggermente le dimensioni delle porzioni. Al contrario, se stai cercando di mettere su massa muscolare o sei molto attivo, considera porzioni leggermente più grandi, soprattutto di proteine e carboidrati.

Scegliere Ingredienti Equilibrati

Selezionare una varietà di ingredienti è essenziale per creare pasti nutrienti e soddisfacenti. Un piatto equilibrato dovrebbe includere proteine, grassi sani, carboidrati e molta verdura. Ecco come fare scelte intelligenti sugli ingredienti:

1. Dare priorità agli alimenti integrali: concentrarsi sugli alimenti integrali e minimamente trasformati. Frutta e verdura fresca, proteine magre, cereali integrali e grassi sani dovrebbero costituire la base dei tuoi pasti.

2. Incorpora un arcobaleno di verdure: cerca di includere una varietà di verdure colorate nei tuoi pasti. Colori diversi forniscono nutrienti e antiossidanti diversi, migliorando il valore nutrizionale complessivo dei tuoi piatti.

3. Scegli proteine magre: incorpora un mix di proteine animali e vegetali, come pollo, pesce, fagioli, lenticchie, tofu e uova. Queste fonti possono aiutare a costruire e riparare i muscoli mantenendoti sazio.

4. Includere grassi sani: i grassi sani, come avocado, noci, semi e olio d'oliva, svolgono un ruolo vitale nella produzione di ormoni e nell'assorbimento dei nutrienti. Includili con moderazione per il sapore e i benefici per la salute.

5. Optare per i cereali integrali: scegli i cereali integrali come riso integrale, quinoa e pasta integrale rispetto ai cereali raffinati. I cereali integrali forniscono fibre e sostanze nutritive che ti aiutano a mantenerti soddisfatto.

Conservazione degli alimenti 101: Come conservare i pasti in modo sicuro

Una corretta conservazione degli alimenti è essenziale per mantenere la qualità e la sicurezza dei pasti preparati. Capire come conservare gli ingredienti e i pasti finiti aiuterà a ridurre al minimo gli sprechi e ti garantirà di avere sempre a portata di mano opzioni fresche e deliziose.

1. Raffreddare prima di conservare: lasciare raffreddare il cibo cotto a temperatura ambiente prima di sigillarlo nei contenitori. Ciò aiuta a prevenire la formazione di condensa, che può portare al deterioramento.

2. Utilizzare contenitori appropriati: conservare i pasti in contenitori ermetici per mantenerli freschi. I contenitori di vetro sono spesso preferibili per il riscaldamento, mentre i contenitori di plastica senza BPA sono leggeri e convenienti per i viaggi.

3. Etichetta e data: etichetta sempre i tuoi contenitori con il contenuto e la data in cui sono stati preparati. Questa pratica ti aiuta a tenere traccia della freschezza ed evitare di mangiare cibo avariato.

4. Comprendere i tempi di conservazione: familiarizzare con il tempo per cui i vari alimenti possono essere conservati nel frigorifero e nel congelatore. In generale, i pasti cucinati possono durare in frigorifero per 3-4 giorni e nel congelatore fino a 3 mesi.

5. Tecniche di congelamento: se prevedi di congelare i pasti, considera la possibilità di porzionarli in porzioni individuali. Ciò semplifica lo scongelamento solo di ciò che ti serve e riduce gli sprechi.

6. Riscaldamento sicuro: quando si riscaldano i pasti, assicurarsi che raggiungano una temperatura interna di 74 °C (165 °F) per uccidere eventuali batteri nocivi. Usa il

microonde, il piano cottura o il forno, a seconda del tipo di pasto e delle tue preferenze.

Padroneggiando queste nozioni di base sulla preparazione dei pasti, puoi creare pasti soddisfacenti e nutrienti facili da conservare e riscaldare. Nei capitoli seguenti scoprirai ricette specifiche e idee per pasti progettate per semplificare la tua esperienza di preparazione del cibo e aiutarti a raggiungere i tuoi obiettivi dietetici. Costruire solide basi nel controllo delle porzioni, nella selezione degli ingredienti e nella conservazione degli alimenti renderà il passaggio alla preparazione dei pasti semplice e gratificante.

Capitolo 4

Pranzi Veloci

L'ora di pranzo è un'opportunità per fare rifornimento e rinfrescarsi, ma spesso è difficile trovare un equilibrio tra praticità e nutrizione. In questo capitolo troverai idee per il pranzo semplici e nutrienti che possono essere preparate in anticipo. Queste opzioni (insalate e ciotole di cereali personalizzate, panini, piadine, bento box e combinazioni di zuppe e insalate stagionali) rendono facile avere un pranzo soddisfacente e pronto ogni giorno.

Insalate e ciotole di cereali personalizzate

Insalate e ciotole per cereali offrono infinite combinazioni, rendendole versatili e personalizzabili. Preparare gli ingredienti separatamente ti consente di mescolare e abbinare sapori, consistenze e sostanze nutritive durante tutta la settimana.

Componenti di base per insalata e ciotola di cereali

1. Verdure: inizia con una base robusta come spinaci, cavoli, rucola o lattuga romana. Per le ciotole di cereali, scegli cereali come la quinoa, il riso integrale o il farro.

2. Proteine: le opzioni includono pollo alla griglia, uova sode, ceci, fagioli neri, tofu o salmone.

3. Verdure: aggiungi una varietà di verdure crude, cotte o arrostite. Peperoni, carote, cetrioli, pomodorini e patate dolci arrostite funzionano bene.

4. Grassi sani: aggiungi avocado, noci, semi o una spolverata di formaggio per sapore e sazietà extra.

5. Condimento: conserva il condimento separatamente per mantenere le insalate croccanti. Si possono realizzare condimenti semplici con olio d'oliva, aceto, succo di limone o salse a base di yogurt.

Idee per insalate e ciotole di cereali

Insalatiera mediterranea: romana, pomodorini, cetrioli, olive Kalamata, formaggio feta, pollo grigliato e salsa allo yogurt greco.

Ciotola di cereali sud-ovest: quinoa, fagioli neri, mais, peperoni, avocado, formaggio grattugiato e salsa al coriandolo e lime.

Insalata di ispirazione asiatica: spinaci, cavolo tritato, edamame, carote, cipolle verdi, tofu grigliato e salsa allo zenzero e sesamo.

Panini, involucri e scatole Bento facili

I panini e i wrap sono scelte classiche per il pranzo per un motivo: sono portatili, sazianti e facili da preparare. Le scatole Bento sono un modo divertente per combinare piccole porzioni di cibi diversi, offrendo varietà ad ogni boccone.

Panini e impacchi

1. Wrap di tacchino e avocado: riempire un wrap di farina integrale con fette di tacchino, avocado, lattuga, carote sminuzzate e un sottile strato di hummus o maionese.

2. Panino vegetariano e hummus: utilizzare pane integrale e uno strato con hummus, fette di cetriolo, peperoni, spinaci e cipolle rosse affettate sottilmente.

3. Involtino Caesar di pollo: unisci pollo grigliato, lattuga romana, parmigiano rasato e salsa Caesar in un impacco. Per una maggiore

croccantezza, aggiungi qualche crostino prima di avvolgerlo.

Scatole Bento facili

Le scatole Bento sono ideali per mantenere gli ingredienti separati e controllati in porzioni. Scegli un mix di proteine, frutta, verdura e un piccolo spuntino o una salsa.

1. Bento ricco di proteine: uova sode, pomodorini, fette di cetriolo, hummus e cracker integrali.

2. Bento mediterraneo: fette di tacchino o pollo alla griglia, olive, formaggio feta, cetriolo, mini pita e salsa tzatziki.

3. Veggie Bento: bastoncini di carota e sedano, piselli, un uovo sodo, cubetti di formaggio cheddar e una piccola porzione di mandorle.

Combinazioni di zuppe e insalate per ogni stagione

Zuppa e insalata costituiscono un pasto confortante ed equilibrato, unendo il calore e la cordialità della zuppa con la freschezza frizzante dell'insalata. Preparare zuppe in lotti consente pranzi facili che possono essere abbinati a insalate di stagione.

Idee per zuppe e insalate di stagione

1. Primavera

Zuppa: Orzo di pollo al limone - Preparata con pollo, pasta d'orzo, spinaci e un tocco di limone per luminosità.

Insalata: insalata verde primaverile: rucola, asparagi, ravanelli, piselli e una leggera vinaigrette.

2. Estate

Zuppa: Gazpacho – Una zuppa fredda a base di pomodori, peperoni, cetrioli e aglio, perfetta per le giornate calde.

Insalata: insalata caprese – Pomodori, mozzarella fresca, basilico, olio d'oliva e un filo di glassa balsamica.

3. Caduta

Zuppa: Zuppa di zucca – Cremosa e leggermente dolce con aromi di cannella e noce moscata.

Insalata: insalata del raccolto: verdure miste, mele a fette, zucca arrostita, mirtilli rossi secchi e noci pecan.

4. Inverno

Zuppa: Minestrone – Una sostanziosa zuppa italiana con fagioli, pasta, pomodori e verdure come carote e zucchine.

Insalata: insalata di verdure invernali: cavolo riccio, arance a fette, semi di melograno e noci con salsa al miele e senape.

Con queste soluzioni per il pranzo potrai goderti un pasto fresco e abbondante ogni giorno della settimana. Queste idee aiutano a mantenere varietà ed equilibrio nei pasti risparmiando tempo nelle giornate impegnative. Preparando gli ingredienti in anticipo, ti prepari al successo con pranzi tanto piacevoli quanto nutrienti.

Capitolo 5

Cene Semplici

La cena può spesso sembrare un compito che richiede molto tempo dopo una giornata impegnativa, ma non deve essere così. Questo capitolo tratta opzioni per la cena facili e soddisfacenti, inclusi pasti in teglia e in una pentola, casseruole, piatti adatti al congelatore, fritture e piatti in padella. Ognuna di queste soluzioni per la cena riduce al minimo la preparazione e la pulizia, rendendo più semplice godersi un pasto nutriente a casa senza problemi.

Teglia e meraviglie in una pentola

I pasti in teglia e in una pentola semplificano la cena permettendoti di cucinare tutto in un unico piatto. Questi pasti consentono di risparmiare tempo per la pulizia offrendo allo stesso tempo tutti i sapori di una cena completa ed equilibrata.

Pasti in fogli

I pasti in teglia sono perfetti per arrostire insieme proteine e verdure, lasciando che i sapori si fondano e richiedendo una supervisione minima.

1. Pollo e verdure in padella

Ingredienti:

4 cosce o petti di pollo

1 tazza di patate dolci a dadini

1 tazza di cimette di broccoli

1 peperone, affettato

Olio d'oliva, sale, pepe e qualsiasi miscela di condimento preferita

Istruzioni:

Preriscaldare il forno a 200°C (400°F).

Metti il pollo, le patate dolci, i broccoli e il peperone su una teglia. Condire con olio d'oliva, condire con sale, pepe e spezie e mescolare per ricoprire.

Cuocere per 25-30 minuti o fino a quando il pollo sarà cotto e le verdure saranno tenere.

2. Salmone e asparagi al limone

Ingredienti:

4 filetti di salmone

1 mazzetto di asparagi, mondati

1 limone, affettato

Olio d'oliva, sale, pepe e aglio in polvere

Istruzioni:

Preriscaldare il forno a 200°C (400°F).

Disporre il salmone e gli asparagi su una teglia. Condire con olio d'oliva e condire con sale, pepe e aglio in polvere. Completare con fette di limone.

Cuocere per 15-20 minuti o fino a quando il salmone si sfalda facilmente e gli asparagi diventano teneri.

Pasti unici

I pasti in una pentola ti consentono di cucinare tutto in un'unica pentola o padella, facilitando la preparazione, la cottura e il servizio senza eccessi di piatti.

1. Pasta Primavera in una pentola

Ingredienti:

8 once di pasta

1 tazza di pomodorini, tagliati a metà

1 zucchina, affettata

1 tazza di spinaci

2 tazze di brodo vegetale

1/4 tazza di parmigiano grattugiato

Istruzioni:

In una pentola capiente aggiungere la pasta, i pomodorini, le zucchine, gli spinaci e il brodo vegetale. Portare a ebollizione, mescolando di tanto in tanto.

Cuocere fino a quando la pasta sarà al dente e la maggior parte del liquido avrà assorbito. Mantecare con parmigiano prima di servire.

2. Pollo e riso in una pentola

Ingredienti:

4 cosce di pollo disossate

1 tazza di riso a grani lunghi

2 tazze di brodo di pollo

1 tazza di verdure miste (carote, piselli, peperoni)

Sale, pepe e condimento italiano

Istruzioni:

Condire le cosce di pollo con sale, pepe e condimento italiano.

In una pentola capiente, rosolare il pollo fino a doratura su entrambi i lati, quindi rimuoverlo dalla pentola.

Aggiungi il riso, il brodo di pollo e le verdure nella pentola, mescolando bene. Rimettere il pollo sopra, coprire e cuocere a fuoco lento per 20 minuti o fino a quando il riso sarà tenero e il pollo sarà cotto.

Casseruole e pasti adatti al congelatore

Le casseruole sono ideali per la cottura in batch e spesso possono essere congelate per cene facili nelle serate impegnative. Preparare alcuni di questi piatti in anticipo fornisce una soluzione rapida per i pasti futuri.

Casseruole

1. Ziti al forno

Ingredienti:

Pasta ziti da 1 libbra, cotta

1 vasetto di salsa marinara

1 tazza di ricotta

1 1/2 tazze di mozzarella grattugiata

Basilico fresco (facoltativo)

Istruzioni:

Preriscaldare il forno a 190°C (375°F).

In una pirofila, adagiare metà della pasta cotta, la salsa marinara, la ricotta e metà della mozzarella. Ripeti gli strati.

Cuocere per 25-30 minuti o fino a quando il formaggio sarà sciolto e farà le bolle. Decorare con basilico prima di servire.

2. Casseruola di pollo, broccoli e riso

Ingredienti:

2 tazze di riso cotto

2 tazze di pollo cotto, tritato

1 tazza di cimette di broccoli, al vapore

1 lattina di crema di funghi o zuppa di pollo

1 tazza di formaggio cheddar grattugiato

Istruzioni:

Preriscaldare il forno a 175°C (350°F).

In una teglia, unisci riso, pollo, broccoli e zuppa. Completare con formaggio grattugiato.

Cuocere per 20-25 minuti o finché non sarà ben riscaldato e il formaggio sarà sciolto.

Pasti adatti al congelatore

1. Peperoni Ripieni

Ingredienti:

4 peperoni, privati della parte superiore e privati dei semi

1 tazza di carne macinata o tacchino cotta

1 tazza di riso cotto

1/2 tazza di salsa di pomodoro

1/4 tazza di formaggio grattugiato

Istruzioni:

Mescolare la carne macinata, il riso e la salsa di pomodoro e inserirli in ciascun peperone. Completare con formaggio grattugiato.

Congelare ogni peperone ripieno singolarmente. Per cuocere, scongelare e cuocere a 190°C (375°F) per 25-30 minuti.

2. Lasagne nel congelatore

Prepara una lasagna base utilizzando strati di pasta, ricotta, salsa marinara e carne macinata o verdure.

Montare in una teglia adatta al congelatore e coprire con un foglio di alluminio. Congelare fino al momento della cottura.

Per cucinare, scongelare e cuocere in forno a 175 °C (350 °F) per 30-40 minuti o fino a quando non saranno completamente riscaldati.

Piatti veloci in padella e in padella

I piatti saltati in padella e in padella sono ideali per cene veloci che non sacrificano il sapore. Questi pasti si preparano in meno di 20 minuti e offrono un sano equilibrio di proteine, verdure e cereali.

Mescolare-congelare

1. Pollo e verdure saltati in padella

Ingredienti:

Petto di pollo da 1 libbra, tagliato a fette sottili

1 tazza di cimette di broccoli

1 peperone, affettato

1/2 tazza di piselli dolci

1/4 tazza di salsa di soia, 1 cucchiaio di olio di sesamo, 1 cucchiaio di miele

Istruzioni:

In una padella capiente, cuocere il pollo in un po' d'olio fino a quando non sarà più rosato. Togliere dalla padella.

Aggiungi le verdure nella padella e cuoci finché diventano tenere e croccanti. Riporta il pollo nella padella.

Mescolare la salsa di soia, l'olio di sesamo e il miele e cuocere fino a quando tutto sarà ricoperto e riscaldato. Servire sopra il riso.

2. Manzo e broccoli

Ingredienti:

Controfiletto di manzo da 1/2 libbra, tagliato a fettine sottili

2 tazze di cimette di broccoli

1/4 tazza di salsa di soia, 1 cucchiaio di salsa di ostriche, 1 cucchiaino di amido di mais (facoltativo)

Istruzioni:

In una padella, cuocere la carne fino a doratura, quindi rimuoverla.

Aggiungere i broccoli e un po' d'acqua nella padella, cuocendo finché saranno teneri. Riporta la carne nella padella.

Mescolare salsa di soia, salsa di ostriche e amido di mais e versare sopra carne di manzo e broccoli. Mescolare fino a quando non sarà ricoperto e riscaldato.

Pasti in padella

1. Padella di gamberetti e zucchine

Ingredienti:

1 libbra di gamberi, sbucciati e privati dei peli

2 zucchine, affettate

1 cucchiaio di olio d'oliva, 1 spicchio d'aglio tritato, sale e pepe

Istruzioni:

Scaldare l'olio d'oliva in una padella, aggiungere l'aglio e rosolare fino a quando diventa fragrante.

Aggiungere le zucchine e cuocere fino a quando saranno leggermente tenere. Aggiungere i gamberetti e cuocere fino al rosa. Condire con sale e pepe prima di servire.

2. Salsiccia e padella di patate

Ingredienti:

Salsiccia affumicata da 1 libbra, affettata

2 tazze di patate novelle, dimezzate

1 peperone, affettato, 1/2 cipolla, affettata, sale, pepe e condimento italiano

Istruzioni:

In una padella capiente, cuocere le patate finché saranno tenere. Aggiungere la salsiccia, il peperone e la cipolla, cuocendo fino a quando tutto sarà dorato e riscaldato. Condire a piacere.

Con queste semplici idee per la cena, avrai una gamma di opzioni che riducono al minimo la preparazione e la pulizia, fornendo allo stesso tempo un pasto soddisfacente e nutriente. Queste strategie rendono facile attenersi a un programma alimentare, anche dopo le giornate più impegnative, mantenendo le cene prive di stress e piene di sapore.

Capitolo 7

Preparazione alimentare economica

La preparazione del cibo può essere un modo efficace per ridurre i costi del cibo pur godendo di pasti sani e convenienti. Scegliendo ingredienti convenienti, facendo la spesa in modo intelligente e utilizzando gli avanzi in modo creativo, è possibile mantenere bassi i costi del cibo senza compromettere la varietà o la nutrizione. Questo capitolo fornisce strategie pratiche per aiutarti a risparmiare denaro durante la preparazione dei pasti, oltre a suggerimenti su come fare acquisti intelligenti e come sfruttare al meglio gli avanzi.

Risparmiare denaro durante la preparazione

Quando si pianifica una strategia di preparazione del cibo economicamente vantaggiosa, è essenziale concentrarsi su pasti convenienti e facili da preparare in grandi quantità. Ecco alcuni suggerimenti per sfruttare al massimo il budget per la preparazione dei pasti.

1. Scegli i punti metallici convenienti

Concentrati su prodotti di base convenienti come fagioli, riso, pasta, avena, uova, verdure surgelate e prodotti di stagione. Questi ingredienti non sono solo economici ma anche altamente versatili e si adattano a molti tipi diversi di pasti.

2. Prepara i tuoi snack

Gli snack acquistati in negozio possono accumularsi rapidamente, quindi preparare i tuoi snack come bocconcini energetici, ceci arrostiti e mix di tracce può farti risparmiare denaro dandoti allo stesso tempo un migliore controllo sugli ingredienti e sulle dimensioni delle porzioni.

3. Cottura in lotti

La preparazione di pasti in grandi quantità, come zuppe, stufati e sformati, riduce i costi degli ingredienti e minimizza gli sprechi. Preparando porzioni extra, avrai molto da gustare durante la settimana o da congelare per i pasti futuri.

4. Limitare gli alimenti trasformati

Gli alimenti preconfezionati sono spesso più costosi di quelli fatti in casa. Preparando le tue salse, condimenti e snack, non solo risparmierai denaro, ma eviterai anche zuccheri aggiunti, sali e conservanti comunemente presenti negli alimenti trasformati.

Consigli e trucchi per lo shopping per l'acquisto all'ingrosso

Acquistare all'ingrosso può essere un modo efficace per risparmiare denaro, soprattutto se ti concentri su cereali integrali, fagioli secchi, noci, semi e spezie. Ecco alcune strategie di acquisto intelligenti per gli acquisti all'ingrosso.

1. Crea una lista e attieniti ad essa

Avere una lista della spesa ti aiuta a evitare acquisti impulsivi e ti assicura di acquistare solo ciò di cui hai bisogno per la settimana. Pianificare i pasti in anticipo e annotare gli ingredienti ti aiuterà a mantenerti in carreggiata.

2. Acquista le vendite e utilizza i coupon

Tieni d'occhio le vendite di articoli sfusi, soprattutto quando si tratta di prodotti di base come riso, pasta e prodotti in scatola. Prendi in considerazione l'utilizzo di app o app del negozio di alimentari locale per sconti e coupon per massimizzare i tuoi risparmi.

3. Acquista in grandi quantità per articoli a lunga durata

Alcuni articoli come riso, pasta, fagioli secchi, farina e avena hanno una lunga durata di conservazione, rendendoli ideali per l'acquisto all'ingrosso. Quando acquisti questi articoli in quantità maggiori, spesso puoi ottenere un prezzo migliore per unità.

4. Considera l'acquisto di marchi di negozi

I marchi dei negozi sono spesso più economici dei marchi rinomati e possono essere altrettanto di alta qualità. Confrontare i prezzi unitari tra i marchi ti aiuterà a trovare le opzioni più convenienti.

5. Acquista prodotti stagionali

Frutta e verdura sono generalmente più economiche quando sono di stagione. Pianificare i tuoi pasti in base ai prodotti di stagione non solo farà risparmiare denaro, ma porterà anche sapori più freschi ai tuoi piatti. Puoi anche congelare i prodotti di stagione da utilizzare in seguito quando è fuori stagione.

Modi creativi per riutilizzare gli avanzi

Riutilizzare gli avanzi è un modo semplice per risparmiare denaro, ridurre gli sprechi e aggiungere varietà ai tuoi pasti settimanali. Con un po' di creatività, puoi trasformare la cena di ieri sera in un pasto completamente nuovo.

Idee per gli avanzi

1. Verdure arrostite per zuppe o insalate

Le verdure arrostite avanzate possono essere utilizzate nelle insalate, aggiunte alle ciotole di cereali o mescolate nelle zuppe. Puoi anche creare un wrap di verdure arrosto aggiungendole a una tortilla con una salsa saporita.

2. Carne alla griglia o arrosto, tacos o fritture

Gli avanzi di pollo, manzo o maiale possono essere facilmente trasformati in un nuovo pasto aggiungendoli a tacos, fritture o piatti di pasta. Basta aggiungere verdure fresche e una salsa per creare un profilo aromatico completamente diverso.

3. Cereali cotti per la colazione o il pranzo

Riso, quinoa o orzo extra possono essere utilizzati come base per le ciotole per la colazione (prova ad aggiungere yogurt e frutta fresca) o per le ciotole di cereali per il pranzo (aggiungi verdure, fagioli e un condimento).

4. Pane con crostini o pangrattato

Il pane raffermo può essere riutilizzato in crostini o pangrattato fatti in casa. Basta tagliare il pane a cubetti, condirlo con un po' di olio d'oliva e condimento e cuocere fino a renderlo croccante. Conservare in un contenitore ermetico e utilizzare per zuppe, insalate o impanature per piatti.

5. Fagioli avanzati per salse o creme spalmabili

Se ti avanzano dei fagioli, puoi frullarli in una salsa simile all'hummus con un po' di olio d'oliva, succo di limone e aglio. Usalo come spalmabile per i panini o come salsa per le verdure.

Idee per pasti utilizzando gli avanzi

1. Riso fritto con verdure e cereali avanzati

Ingredienti: riso avanzato, verdure rimanenti tritate, salsa di soia, uova e cipolle verdi.

Istruzioni: In una padella calda, cuocere le verdure finché non saranno ben cotte. Aggiungere il riso e la salsa di soia, mescolando finché non saranno ben amalgamati. Formate un buco al centro, aggiungete le uova sbattute e fate cuocere finché non saranno strapazzate.

Mescolare il tutto e guarnire con le cipolle verdi.

2. Pasta al forno con carne e verdure avanzate

Ingredienti: pasta cotta avanzata, salsa marinara, formaggio grattugiato e carne o verdure avanzate.

Istruzioni: preriscaldare il forno a 190°C (375°F). Unisci pasta, salsa, carne e verdure in una teglia. Coprire con il formaggio e cuocere fino a quando diventa pieno di bolle e dorato.

3. Colazione strapazzata con patate e verdure avanzate

Ingredienti: patate arrostite o bollite avanzate, verdure, uova, sale e pepe.

Istruzioni: In una padella, scaldare le patate e le verdure. Aggiungere le uova e cuocere fino a quando strapazzate. Condire con sale e pepe a piacere.

4. Zuppa con avanzi di carne e verdure

Ingredienti: carne cotta avanzata, verdure, brodo e spezie.

Istruzioni: In una pentola aggiungere il brodo e portare a ebollizione. Aggiungi carne, verdure ed eventuali condimenti aggiuntivi. Cuocere a fuoco lento per 10-15 minuti per una zuppa veloce e sostanziosa.

Conservare correttamente gli avanzi

Una corretta conservazione è fondamentale per massimizzare la freschezza degli avanzi e ridurre gli sprechi. Ecco alcune linee guida:

Usa contenitori trasparenti: vedere cosa c'è dentro rende più probabile che ricordi e utilizzi gli avanzi.

Etichetta e data: aggiungere etichette con la data ti aiuta a tenere traccia di quando è stato preparato il cibo.

Conservare in porzioni più piccole: dividere gli avanzi in porzioni individuali rende più facile afferrare e riscaldare singole porzioni, il che aiuta a prevenire il deterioramento.

Riepilogo

La preparazione del cibo a basso costo significa fare scelte intelligenti con gli ingredienti, pianificare in anticipo e ridurre al minimo gli sprechi. Concentrandoti su alimenti di base convenienti, facendo acquisti strategici e diventando creativo con gli avanzi, puoi aumentare il tuo budget e goderti una varietà di pasti durante la settimana. Queste strategie rendono la preparazione dei pasti conveniente e sostenibile, aiutandoti a costruire abitudini che fanno risparmiare denaro e riducono gli sprechi alimentari.

Capitolo 8

Diete speciali e preparazione alimentare

La preparazione dei pasti è un approccio versatile all'alimentazione sana che può essere adattato a una varietà di esigenze dietetiche, comprese le diete senza glutine, vegane e cheto. Questo capitolo fornisce indicazioni sulla preparazione per esigenze dietetiche specifiche, sull'adattamento di ricette per allergie e intolleranze e sulla comprensione delle considerazioni nutrizionali chiave per la preparazione dei pasti.

Preparazione per diete senza glutine, vegane e cheto

Ognuna di queste diete ha esigenze alimentari uniche, ma tutte possono trarre vantaggio da una preparazione dei pasti efficiente e organizzata.

Preparazione di pasti senza glutine

Le diete prive di glutine evitano tutti gli alimenti che contengono glutine, una proteina presente nel grano, nell'orzo e nella segale. La preparazione di pasti senza glutine richiede un focus sugli ingredienti naturalmente privi di glutine e sulla sostituzione dei cereali senza glutine dove necessario.

1. Alimenti naturalmente senza glutine

Basa la preparazione dei tuoi pasti su cibi naturalmente privi di glutine come riso, quinoa, patate, mais e legumi. Questi articoli possono essere cucinati sfusi e conservati per pasti facili e pronti.

2. Attenzione al glutine nascosto

Il glutine può essere nascosto nelle salse, nei condimenti e negli alimenti confezionati, quindi leggi sempre attentamente le etichette degli ingredienti. Se non sei sicuro, opta per prodotti certificati senza glutine.

3. Esempi di idee per pasti senza glutine

Insalata di quinoa con verdure arrosto: la quinoa è ricca di proteine e si abbina bene con una varietà di verdure.

Involtini di lattuga con pollo o tofu: le foglie di lattuga sono un ottimo sostituto a basso contenuto di carboidrati per involtini o tortillas.

Preparazione dei pasti vegani

Le diete vegane escludono tutti i prodotti animali, concentrandosi su ingredienti di origine vegetale. Preparare i pasti per una dieta vegana significa scegliere legumi ricchi di proteine, cereali integrali e verdure ricche di nutrienti.

1. Fonti proteiche

Includi fagioli, lenticchie, ceci, tofu, tempeh e quinoa. Sono ricchi di proteine e possono essere preparati sfusi per pasti facili.

2. Grassi sani

Includi noci, semi, avocado e olio d'oliva per assicurarti di assumere abbastanza grassi sani. Questi ingredienti sono facili da aggiungere a pasti come insalate, ciotole di cereali e piadine.

3. Esempio di idee per pasti vegani

Insalatiere di ceci: prepara ceci arrostiti, verdure miste e una varietà di verdure crude o arrostite.

Verdure saltate in padella con tofu: salta in padella il tofu con le verdure che preferisci e servi con riso integrale o riso di cavolfiore.

Preparazione del pasto cheto

La dieta cheto è una dieta a basso contenuto di carboidrati e ricca di grassi. La preparazione per la cheto si concentra su proteine di alta qualità, grassi sani e verdure a basso contenuto di carboidrati.

1. Verdure a basso contenuto di carboidrati

Usa verdure come verdure a foglia verde, cavolfiori, zucchine e peperoni, che sono a basso contenuto di carboidrati ma ricchi di nutrienti.

2. Grassi sani

Fai scorta di olio d'oliva, avocado, olio di cocco e noci. Questi grassi sani forniscono l'energia necessaria per rimanere nella chetosi.

3. Esempio di idee per pasti chetonici

Ciotole di riso al cavolfiore con pollo alla griglia: il riso al cavolfiore è un ottimo sostituto a basso contenuto di carboidrati del riso tradizionale.

Muffin all'uovo con spinaci e formaggio: i muffin all'uovo possono essere preparati in anticipo e rappresentano una colazione o uno spuntino ad alto contenuto proteico e a basso contenuto di carboidrati.

Adattamento delle ricette per allergie e intolleranze

L'adattamento delle ricette alle allergie e alle intolleranze richiede la ricerca di sostituti adeguati che mantengano il sapore e la consistenza della ricetta originale. Gli allergeni più comuni includono latticini, noci e uova, ognuno dei quali può essere sostituito in vari modi.

1. Sostituti senza latticini

Per il latte: usa latte di mandorle, cocco o avena come alternativa senza latticini.

Per il formaggio: sono ampiamente disponibili formaggi senza latte a base di noci, soia o latte di cocco.

Per lo yogurt: sostituiscilo con yogurt al cocco o al latte di mandorle per ottenere consistenze cremose nelle ciotole per la colazione e nei frullati.

2. Alternative senza noci

Per la frutta secca: i semi di girasole o i semi di zucca possono essere un'alternativa senza noci nelle ricette.

Per i burri a base di noci: il burro di semi di girasole o tahini è un sostituto adatto del burro di arachidi o di mandorle.

3. Sostituzioni delle uova

Per la cottura al forno: utilizzare "uova di lino" (1 cucchiaio di semi di lino macinati mescolati con 3 cucchiai di acqua) come sostituto dell'uovo nella cottura.

Per cucinare: il tofu può sostituire le uova strapazzate e l'aquafaba (liquido di ceci) può essere utilizzato come sostituto nelle ricette che richiedono albumi.

4. Alternative senza glutine

Per la farina: sostituisci la farina di frumento con farina di mandorle, farina di cocco o farina multiuso senza glutine. Queste alternative funzionano bene nei prodotti da forno e in altri piatti che richiedono una base di farina.

Per la pasta: usa opzioni di pasta senza glutine come riso o pasta di ceci, oppure prova le zucchine a spirale come alternativa a basso contenuto di carboidrati.

Considerazioni nutrizionali per la preparazione dei pasti

La preparazione dei pasti non dovrebbe concentrarsi solo sulla praticità e sulla varietà, ma anche sulla fornitura di un'alimentazione equilibrata che supporti i tuoi obiettivi di salute e dietetici.

1. Macronutrienti bilanciati

Assicurarsi che i pasti contengano un equilibrio di proteine, carboidrati e grassi. Questo equilibrio varierà a seconda delle tue specifiche esigenze dietetiche, ma mira a includere una fonte di ciascun macronutriente in ogni pasto per ottenere energia e sazietà ottimali.

2. Fibra

Gli alimenti ricchi di fibre, come verdure, cereali integrali e legumi, supportano la salute dell'apparato digerente e ti aiutano a sentirti sazio più a lungo. Incorpora una varietà di alimenti ricchi di fibre per aggiungere volume e sostanze nutritive ai tuoi pasti.

3. Micronutrienti

Presta attenzione alle vitamine e ai minerali, soprattutto se la tua dieta esclude determinati gruppi di alimenti. Ad esempio, i vegani potrebbero dover assicurarsi di assumere abbastanza vitamina B12, ferro e calcio. Includere alimenti come verdure a foglia verde, cereali arricchiti e una varietà di frutta e verdura per supportare la nutrizione generale.

4. Grassi sani

I grassi sani, come quelli di avocado, noci, semi e olio d'oliva, sono importanti per la salute del cuore e possono aiutarti a sentirti più soddisfatto dei tuoi pasti. Includi una quantità moderata di questi grassi nella preparazione dei pasti per un'alimentazione equilibrata.

5. Idratazione

Pianifica l'idratazione includendo cibi ad alto contenuto di acqua, come cetrioli, lattuga e anguria, e mantieni l'acqua disponibile durante il giorno. Alcune persone ritengono che aggiungere limone, fette di cetriolo o bacche all'acqua li incoraggi a bere di più.

Riepilogo

Preparare i pasti per diete specifiche può essere semplice con le giuste strategie. Selezionando gli ingredienti adatti, apportando le sostituzioni necessarie e concentrandosi su un'alimentazione equilibrata, puoi godere dei benefici della preparazione dei pasti soddisfacendo al tempo stesso le tue esigenze dietetiche. L'adattamento delle ricette alle allergie e alle preferenze dietetiche consente una maggiore varietà, mentre una pianificazione consapevole garantisce che tu riceva la nutrizione necessaria per sostenere la tua salute.

Capitolo 9

Hack e scorciatoie per risparmiare tempo

Il tempo è una risorsa preziosa e preparare i pasti dovrebbe semplificarti la vita senza occuparti l'intera giornata. Con alcuni strumenti strategici, tecniche di pianificazione e metodi multitasking, puoi rendere la preparazione dei pasti più rapida ed efficiente. Questo capitolo illustra i trucchi per risparmiare tempo, incluso l'uso efficace degli elettrodomestici da cucina, la pianificazione dei pasti che durano tutta la settimana e suggerimenti sul multitasking per ottenere il massimo dal tempo trascorso in cucina.

Utilizzo di elettrodomestici come pentole a cottura lenta e friggitrici ad aria

Elettrodomestici come pentole a cottura lenta, friggitrici ad aria e pentole a pressione possono semplificare il processo di cottura e consentirti di preparare più pasti con un tempo pratico minimo. Ecco come sfruttare al meglio questi pratici strumenti.

1. Pentola a cottura lenta

La pentola a cottura lenta è perfetta per cucinare senza mani, permettendoti di "impostarlo e dimenticarlo". Questo è l'ideale per ricette come stufati, zuppe e carne sminuzzata che possono essere preparate sfuse e porzionate per la settimana.

Esempi:

Pollo o maiale stirato: metti la carne nella pentola a cottura lenta con le spezie e il brodo che preferisci e lasciala cuocere a fuoco basso per 6-8 ore. Usalo in tacos, insalate o ciotole di cereali.

Peperoncino con verdure e fagioli: unisci fagioli, verdure, pomodori e spezie nella pentola a cottura lenta e lascia cuocere per un pasto abbondante e pronto da mangiare.

2. Friggitrice ad aria

La friggitrice ad aria è veloce e ideale per arrostire verdure, rendere croccanti proteine e preparare snack come ceci arrostiti o patatine fritte fatte in casa. La sua velocità può ridurre significativamente i tempi di cottura e richiede poco olio, rendendolo una scelta salutare.

Esempi:

Verdure croccanti: arrostisci verdure come broccoli, cavolfiori o cavoletti di Bruxelles in soli 10-15 minuti. Condire con olio d'oliva e spezie per un lato saporito e ricco di sostanze nutritive.

Bocconcini di pollo o bocconcini di tofu: impanare i bocconcini di pollo o il tofu nel panko e friggerli all'aria fino a doratura per un'opzione proteica croccante e sana.

3. Pentola a pressione/pentola istantanea

La pentola a pressione è ideale per preparare pasti veloci, in particolare per cuocere cereali, fagioli e tagli di carne più duri che in genere richiedono più tempo per cuocere. Accelera notevolmente i tempi di cottura, rendendo più semplice la preparazione di grandi quantità di cibo.

Esempi:

Riso e fagioli: cuoci una grande quantità di riso o fagioli in 20 minuti, risparmiando tempo per pasti come ciotole di burrito o insalate.

Uova sode: cuoci una dozzina di uova in soli 5 minuti per una colazione veloce o uno spuntino.

Preparati una volta, mangia tutta la settimana

Uno dei modi migliori per semplificare la preparazione dei pasti è creare pasti o ingredienti base che possano essere riutilizzati in vari piatti durante la settimana. Questo approccio riduce al minimo i tempi di cottura e offre varietà senza la necessità di una preparazione aggiuntiva.

1. Proteine da cottura in lotti

Prepara una grande quantità di proteine, come pollo alla griglia, tofu al forno o ceci arrostiti, e usale in diversi pasti durante la settimana. Ad esempio, il pollo grigliato può essere utilizzato in insalate, piadine e fritture.

Esempio: arrostire un'intera teglia di petti di pollo con condimenti semplici. Usalo in insalate, ciotole di cereali e piatti di pasta per risparmiare tempo.

2. Grani di grandi dimensioni

Cuocere una grande pentola di cereali, come quinoa, riso integrale o farro, da utilizzare come base per più pasti. Conservare in frigorifero e aggiungere a pasti come fritture, insalate o ciotole per la colazione.

Esempio: cuocere una pentola di quinoa e dividerla in porzioni da utilizzare nelle ciotole di burrito, come condimento per l'insalata o come contorno con verdure arrostite.

3. Verdure tritate per la settimana

Trascorri qualche minuto tagliando una varietà di verdure, come carote, peperoni e cetrioli. Conservali in frigorifero per un facile accesso durante la settimana, così sarà veloce preparare un'insalata, uno spuntino o saltare in padella.

Esempio: preparare un contenitore con verdure a foglia lavate e tritate, un contenitore con peperoni a fette e un altro con cetrioli tritati. Usa questi ingredienti per assemblare rapidamente le insalate o aggiungerle a piadine e ciotole.

4. Pasti adatti al congelatore

Prepara i pasti in anticipo e congelali per risparmiare tempo in seguito. Piatti come zuppe, sformati e lasagne possono essere porzionati e conservati per essere facilmente riscaldati durante le settimane più impegnative.

Esempio: preparare una grande pentola di minestrone, dividerla in porzioni e congelare. Riscaldarsi nelle notti più impegnative per un pasto veloce e confortante.

Tecniche multitasking efficienti

Il multitasking durante la preparazione dei pasti può far risparmiare tempo significativo. Pianificando quali attività possono essere svolte contemporaneamente, sarai in grado di completare la preparazione in modo più rapido ed efficiente.

1. Attività a strati in base al tempo di cottura

Inizia con gli alimenti che richiedono più tempo per essere cotti, come cereali, fagioli o verdure arrostite, e dedicati ad altre attività mentre cucinano. Sovrapponendo le attività, massimizzerai il tuo tempo in cucina.

Esempio: inizia mettendo il riso sul fuoco, quindi taglia le verdure mentre cuoce. Una volta cotto il riso, mettetelo da parte a raffreddare e iniziate a cuocere le proteine come il pollo o il tofu.

2. Usa saggiamente il tempo di "inattività".

Mentre qualcosa sta bollendo, cuocendo o raffreddando, usa il tempo per lavare i piatti, tritare più ingredienti o porzionare i cibi finiti.

Ciò riduce al minimo i tempi di pulizia finale e mantiene la cucina organizzata.

Esempio: mentre una teglia di verdure arrostisce, lavare le ciotole e gli utensili usati. Ciò manterrà il tuo spazio di lavoro pulito e renderà la pulizia più veloce una volta terminata.

3. Raddoppia il lavoro di preparazione

Prepara due lotti dello stesso ingrediente se lo usi frequentemente. In questo modo avrai qualcosa in più per la prossima settimana o anche per il congelamento. Ad esempio, se stai arrostendo delle patate dolci, prepara un vassoio extra da utilizzare per un altro pasto.

Esempio: raddoppia la quantità di cereali o proteine che stai producendo. Usa una porzione per la preparazione dei pasti di questa settimana e congela l'altra per la settimana futura.

4. Etichetta e organizza i contenitori

Etichetta i contenitori con il contenuto e la data in cui sono stati preparati per tenerne traccia della freschezza. Organizzare i contenitori per tipologia (colazione, pranzo, spuntini) può aiutarti a individuare rapidamente ciò di cui hai bisogno.

Esempio: utilizzare nastro adesivo e un pennarello per etichettare ciascun contenitore con il tipo di pasto (ad esempio "pranzo", "spuntino") e la data in cui è stato preparato, quindi organizzarli nel frigorifero in base all'ora del pasto.

Riepilogo

Con gli strumenti, le tecniche giuste e un po' di multitasking, la preparazione dei pasti può diventare una parte integrante della tua routine settimanale. Sfruttare elettrodomestici come pentole a cottura lenta, friggitrici ad aria e pentole a pressione accelera la cottura, mentre raggruppare gli ingredienti e organizzare la preparazione aiuta i pasti a durare tutta la settimana. Queste strategie per risparmiare tempo ti garantiscono di massimizzare l'efficienza e ridurre al minimo il tempo trascorso in cucina, dandoti più tempo per goderti i tuoi pasti ben preparati.

Ccapitolo 10

Consigli per la conservazione e il riscaldamento

Le corrette tecniche di conservazione e riscaldamento sono essenziali per mantenere i pasti preparati freschi, sicuri e saporiti. Questo capitolo illustra come congelare e scongelare in modo efficiente, metodi di riscaldamento efficaci e linee guida sulla durata di conservazione dei diversi alimenti. Con queste strategie, i tuoi pasti manterranno la loro qualità e il loro gusto, assicurando che ogni boccone sia piacevole come il primo.

Congelare e scongelare diventa semplice

Congelare i pasti o gli ingredienti già pronti è un ottimo modo per prolungarne la durata e rendere la preparazione dei pasti più efficiente. Ecco alcune linee guida di base per un congelamento e scongelamento efficaci.

1. Usa i contenitori giusti

Optare per contenitori o sacchetti ermetici e adatti al congelatore per evitare bruciature da congelamento e mantenere la qualità del cibo. I contenitori di vetro e i sacchetti per il congelatore sono ideali perché sigillano bene e impediscono la fuoriuscita di odori.

Suggerimento: se si utilizzano sacchetti per congelatore, far uscire quanta più aria possibile prima di sigillarli per ridurre il rischio di bruciature da congelamento.

2. Suddividere i pasti

Congelare i pasti in porzioni individuali per facilitarne il riscaldamento e ridurre gli sprechi alimentari. Ciò ti consente di prendere solo ciò che ti serve per un pasto veloce o uno spuntino.

Suggerimento: etichetta ogni contenitore o sacchetto con il nome del piatto e la data in cui è stato congelato per facilitarne il monitoraggio.

3. Raffreddare gli alimenti prima di congelarli

Lasciare raffreddare gli alimenti caldi a temperatura ambiente prima di congelarli. Ciò impedisce la formazione di condensa, che può causare bruciature da congelamento e influenzare la consistenza e il sapore del pasto.

Suggerimento: posizionare i piatti caldi su una griglia di raffreddamento o lasciarli riposare scoperti per circa 15-20 minuti prima di sigillarli e congelarli.

4. Scongelamento sicuro

Il modo più sicuro per scongelare i pasti surgelati è tenerli in frigorifero durante la notte, poiché ciò li mantiene entro un intervallo di temperatura sicuro. Per uno scongelamento più rapido, utilizzare l'impostazione di scongelamento del microonde.

Suggerimento: se hai poco tempo, scongela i contenitori sigillati in una ciotola di acqua fredda, cambiando l'acqua ogni 30 minuti per mantenere una temperatura sicura.

Tecniche di riscaldamento per il massimo sapore

Riscaldare efficacemente i pasti preparati può fare una grande differenza nel gusto e nella consistenza. Ecco i metodi per aiutarti a mantenere la qualità del tuo pasto.

1. Riscaldamento del forno

Il forno è ideale per riscaldare sformati, prodotti da forno e carni arrosto, poiché aiuta a preservarne la consistenza e previene l'inzuppamento.

Come fare: preriscaldare il forno a 175 °C (350 °F), coprire la pirofila con un foglio di alluminio per evitare che si secchi e scaldare per 15-20 minuti o fino a quando non sarà completamente riscaldato.

2. Riscaldamento nel microonde

Il microonde è comodo per riscaldare velocemente, soprattutto zuppe, stufati e primi piatti. Per evitare un riscaldamento irregolare, mescolare la pietanza a metà cottura.

Come fare: posizionare il cibo in un contenitore adatto al microonde, coprirlo con un coperchio o una pellicola adatta al microonde e scaldare a intervalli di 1-2 minuti, mescolando secondo necessità.

3. Riscaldamento del piano cottura

Il piano cottura funziona bene per piatti come fritture, pasta e salse, poiché fornisce un riscaldamento uniforme senza seccare il cibo.

Come fare: scaldare una piccola quantità di olio o brodo in una padella, aggiungere il pasto e mescolare di tanto in tanto a fuoco medio fino a quando non sarà completamente riscaldato.

4. Riscaldamento della friggitrice ad aria

Usa una friggitrice ad aria per riscaldare gli alimenti che desideri rimangano croccanti, come verdure arrostite, carne impanata o cibi fritti.

Come fare: preriscaldare la friggitrice ad aria a 175 °C (350 °F) e scaldarla per 3-5 minuti, controllando frequentemente per evitare una cottura eccessiva.

Per quanto tempo puoi conservare i pasti pronti?

Conservare correttamente gli alimenti è essenziale sia per il gusto che per la sicurezza. Ecco le linee guida generali per la conservazione dei diversi tipi di pasti preparati.

1. Nel frigorifero

Proteine cotte (pollo, manzo, pesce): conservare per 3-4 giorni.

Cereali cotti (riso, quinoa, pasta): conservare fino a 5 giorni.

Insalate con condimento: conservare per 1-2 giorni se condite; senza vestirsi possono durare fino a 4 giorni.

Verdure cotte: conservare per un massimo di 4 giorni in un contenitore ermetico.

2. Nel congelatore

Zuppe e stufati: congelare per un massimo di 3 mesi.

Casseruole e piatti di pasta: congelare per un massimo di 3 mesi.

Proteine (pollo, manzo): congelare per un massimo di 4 mesi.

Cereali e fagioli: congelare per un massimo di 6 mesi in un contenitore ermetico o in un sacchetto per congelatore.

3. Suggerimenti rapidi per la sicurezza dello stoccaggio

Etichettatura: etichettare sempre i contenitori con la data di preparazione per tenerne traccia della freschezza.

Controlla la freschezza: se il cibo ha un odore sgradevole, un cambiamento di colore o una consistenza insolita, è meglio scartarlo.

Limite temporale di refrigerazione: evitare di conservare i pasti cotti in frigorifero per più di 4 giorni per mantenere la freschezza ottimale e ridurre il rischio di deterioramento.

Riepilogo

Una corretta conservazione e riscaldamento sono essenziali per ottenere il massimo dalla preparazione dei pasti. Congelare nei contenitori giusti, scongelare in modo sicuro e utilizzare le tecniche di riscaldamento appropriate aiutano a garantire che i pasti rimangano freschi e saporiti. Con questi suggerimenti, i tuoi pasti preparati manterranno la loro qualità, così potrai gustare deliziose opzioni pronte da mangiare in qualsiasi momento.

Capitolo 11

Preparazione per famiglie e bambini

La preparazione dei pasti per le famiglie, soprattutto quando sono coinvolti i bambini, richiede un po' di pianificazione per garantire che tutti abbiano opzioni sane e allettanti. Creando pasti adatti alla famiglia, preparando pranzi equilibrati e coinvolgendo i bambini nel processo di preparazione, puoi rendere la preparazione dei pasti una parte pratica e divertente della routine della tua famiglia. Questo capitolo fornisce strategie per aiutarti a preparare pasti nutrienti e convenienti che piaceranno a tutti.

Idee per preparare pasti per tutta la famiglia

Creare pasti adatti sia agli adulti che ai bambini è la chiave per preparare con successo i pasti in famiglia. Ecco alcuni consigli per preparare piatti adatti ai bambini e nutrienti.

1. Crea i tuoi pasti

I pasti "creati da te" consentono ai membri della famiglia di personalizzare i propri piatti, garantendo che tutti ricevano ciò che preferiscono senza ulteriore lavoro di preparazione.

Esempio: serata Taco: prepara una varietà di ripieni come carne macinata condita, fagioli, verdure grigliate, formaggio grattugiato e avocado. Ognuno può preparare i propri tacos, scegliendo gli ingredienti che preferisce.

2. Cene in padella

I pasti in una padella o in teglia sono facili da preparare e spesso si rivolgono a tutte le età. Arrostendo tutto insieme, risparmi tempo e riduci la pulizia.

93

Esempio: arrostire petti di pollo, patate e carote su una teglia con condimenti semplici. Per aggiungere sapore, condisci il tutto con un mix di olio d'oliva, aglio ed erbe aromatiche.

3. Preferiti adatti al congelatore

Prepara grandi quantità di piatti preferiti della famiglia che si congelano bene, come pasta al forno, polpette e casseruole. Ciò ti garantisce di avere opzioni pronte all'uso che tutti amano.

Esempio: preparare un grande vassoio di lasagne, porzionarlo in porzioni e congelare. Può essere riscaldato rapidamente, perfetto per un pasto intenso durante la settimana.

4. Spuntini nutrienti

Fai scorta di snack salutari che i bambini possano afferrare facilmente. Prepara una selezione di snack durante il fine settimana, così saranno pronti per la settimana.

Esempio: preparare piccoli sacchetti di verdure tagliate, cubetti di formaggio e cracker integrali. Tieni le tazze di yogurt, le mele e le noci a portata di mano per opzioni bilanciate e facili da afferrare.

Preparare pranzi nutrienti per i bambini

Pranzi nutrienti danno energia ai bambini per la loro giornata, quindi è essenziale preparare pasti che siano allo stesso tempo invitanti ed equilibrati. Ecco alcune idee per rendere divertenti e gustosi pranzi salutari.

1. Bento Box per varietà

I pranzi in stile Bento ti consentono di preparare piccole porzioni di cibi diversi, mantenendo le cose interessanti per i bambini. Includi proteine, cereali, frutta, verdura e un dolcetto per un pasto completo.

Esempio: includi involtini di tacchino e formaggio, una manciata di uva, bastoncini di carota, cracker integrali e un piccolo dolcetto come un paio di quadratini di cioccolato fondente.

2. Kit pranzo fai da te

I bambini si divertono a preparare il pranzo, quindi prepara i kit fai-da-te per un pasto più interattivo. Pensalo come una versione fatta in casa dei popolari kit per il pranzo, ma con scelte più sane.

Esempio: per un kit per pizza fai-da-te, prepara una mini pita integrale, un piccolo contenitore di salsa di pomodoro, formaggio grattugiato e verdure tritate.

3. Opzioni senza noci

Molte scuole sono prive di frutta a guscio, quindi assicurati di includere proteine e snack alternativi. Il burro di semi di girasole, i ceci e lo yogurt greco sono ottime fonti proteiche.

Esempio: confezionare un wrap con burro di semi di girasole e fette di banana, un contorno di yogurt greco con frutti di bosco e cetriolo a fette.

4. Mantienilo fresco e divertente

Usa una varietà di colori, consistenze e sapori per rendere i pranzi emozionanti. Includere forme divertenti con formine per biscotti o frutti colorati può aiutare i bambini ad aspettare con ansia il loro pasto.

Esempio: usa un tagliabiscotti per creare panini integrali in forme divertenti e aggiungi una macedonia colorata con uva, kiwi e fragole.

Coinvolgere i bambini nel processo di preparazione

Quando i bambini partecipano alla preparazione del pasto, è più probabile che siano interessati a mangiare ciò che è preparato. Ecco come coinvolgere i bambini in cucina in modo sicuro ed efficace.

1. Compiti adatti all'età

Assegna compiti in base all'età e al livello di abilità. I bambini più piccoli possono lavare le verdure o strappare la lattuga, mentre i bambini più grandi possono aiutare a misurare gli ingredienti o a mescolare.

Esempi per età:

Età 3-5: lavare la frutta, strappare la lattuga o aggiungere ingredienti pre-misurati.

Età 6-8: misurare gli ingredienti, mescolare le pastelle o stendere l'impasto.

Età 9-12: tritare le verdure morbide, usare una grattugia o aiutare a preparare i pasti.

2. Insegnare là sicurezza in cucina

Educare i bambini sulla sicurezza di base in cucina, come lavarsi le mani, usare correttamente gli utensili ed essere prudenti riguardo al calore. Ciò crea fiducia e competenze che saranno utili durante la loro crescita.

Esempio: insegnare ai bambini come utilizzare un pelapatate in modo sicuro o spiegare l'importanza di lavarsi le mani prima di maneggiare il cibo.

3. Incoraggiare la degustazione

Lascia che i bambini assaggino gli ingredienti mentre li preparano, permettendo loro di entrare in contatto con i sapori e le consistenze dei diversi cibi. Questo può aiutare i palati più esigenti a sentirsi più a proprio agio con i nuovi cibi.

Esempio: se stai preparando una macedonia di frutta, lascia che assaggino ogni tipo di frutta mentre viene aggiunta. Apprezzeranno di più il processo e potrebbero essere entusiasti di mangiare il piatto finale.

4. Rendila un'attività divertente

Trasforma la preparazione dei pasti in una divertente attività familiare allestendo una postazione di preparazione con musica o coinvolgendo i bambini nella pianificazione dei pasti. Quando i bambini sentono di avere voce in capitolo, spesso sono più entusiasti di partecipare.

Esempio: consenti ai bambini di scegliere una "serata a tema" per la settimana, come "Taco Tuesday" o "Pasta Night". Possono aiutare a scegliere gli ingredienti e preparare i propri pasti.

Riepilogo

La preparazione dei pasti per famiglie e bambini può semplificare la settimana promuovendo abitudini alimentari sane. Creando pasti adatti alla famiglia, preparando pranzi nutrienti e coinvolgendo i bambini nel processo di preparazione, rendi il momento del pasto piacevole e gestibile per tutti. Con questi suggerimenti, la preparazione dei pasti diventa uno strumento prezioso per creare una routine alimentare equilibrata, conveniente e orientata alla famiglia.

Capitolo 12

Risoluzione dei problemi comuni

Preparare i pasti è un'abitudine preziosa, ma come ogni routine può comportare una serie di sfide. Dal sentirsi esausti alla gestione del deterioramento del cibo, è essenziale sapere come affrontare questi problemi in modo efficace per mantenere la preparazione dei pasti piacevole e sostenibile. Questo capitolo tratta le strategie per superare il burnout dovuto alla preparazione dei pasti, prevenire il deterioramento e gli sprechi del cibo e mantenere la motivazione.

Superare il burnout dovuto alla preparazione dei pasti

È normale sentirsi stanchi o privi di ispirazione nel preparare i pasti dopo un po', soprattutto se sembra un compito ingrato. Ecco alcuni modi per rinfrescare il tuo approccio e rendere di nuovo piacevole la preparazione dei pasti.

1. Cambia il tuo menu

Ripetere le stesse ricette può portare rapidamente al burnout. Prova a introdurre nuovi sapori, ingredienti o cucine per mantenere le cose interessanti. Ruotare i pasti previene la noia e mantiene fresca la tua routine.

Esempio: se di solito prepari pollo e riso, prova a passare al salmone e alla quinoa con un diverso set di spezie, oppure prova una nuova ricetta come saltata in padella o pasta primavera.

2. Ridurre la frequenza

Se la preparazione dei pasti settimanali è travolgente, valuta invece la possibilità di prepararli ogni pochi giorni. Suddividere le sessioni di preparazione aiuta a suddividere il carico di lavoro e ti consente di adattarti in base a ciò che è disponibile o a ciò che hai voglia di mangiare.

Esempio: invece di preparare i pasti per cinque giorni la domenica, fai una sessione di preparazione più piccola la domenica e un rapido aggiornamento il mercoledì.

3. Concentrarsi sugli ingredienti chiave piuttosto che sui pasti completi

Preparare singoli ingredienti, come proteine, cereali e verdure, anziché pasti completi può aggiungere flessibilità e consentirti di mescolare e abbinare durante la settimana.

Esempio: cuocere una porzione di riso integrale, grigliare del pollo e arrostire una varietà di verdure. Combinali in modi diversi durante la settimana per mantenere i pasti interessanti.

4. Fai una pausa quando necessario

A volte, prendersi una settimana di pausa dalla preparazione dei pasti può aiutarti a ricaricarti. Usa questo tempo per esplorare nuove ricette o provare alcune opzioni senza preparazione come insalate pronte o piatti surgelati.

Esempio: invece di dedicare un'intera settimana alla preparazione dei pasti, concentrati solo sulla preparazione della colazione o degli spuntini. Questo carico di lavoro più leggero può aiutarti a riprendere la tua routine.

Prevenzione del deterioramento e degli sprechi alimentari

Uno degli obiettivi principali della preparazione dei pasti è ridurre gli sprechi alimentari, ma il deterioramento può comunque verificarsi se il cibo non viene conservato o utilizzato correttamente. Ecco come mantenere freschi gli ingredienti e ridurre al minimo gli sprechi.

1. Conservare gli alimenti correttamente

Assicurati di utilizzare contenitori ermetici e di refrigerare o congelare tempestivamente gli alimenti. Salse e condimenti separati dal piatto principale fino al momento del consumo per evitare che si inzuppino.

Suggerimento: per gli alimenti utilizzare contenitori in vetro che rilasciano umidità, poiché mantengono la freschezza e impediscono la diffusione degli odori.

2. Segui FIFO (First In, First Out)

Disporre il frigorifero e la dispensa in modo che gli oggetti più vecchi siano in primo piano.

In questo modo, li utilizzerai prima che si rovinino, il che aiuta a prevenire gli sprechi.

Esempio: se prepari un grande contenitore di verdure arrostite, distribuisci ciò di cui hai bisogno per i prossimi giorni e congela il resto per mantenerlo fresco.

3. Congelare gli extra

Se hai degli avanzi che non pensi di utilizzare presto, congelali per conservarli per dopo. Ciò è particolarmente utile per zuppe, cereali e proteine che possono essere facilmente riscaldati.

Esempio: porziona eventuali porzioni extra di pasti che hai preparato e congelali in contenitori individuali. Etichettateli con il nome e la data per una facile identificazione.

4. Pianifica prima i pasti con ingredienti deperibili

Quando pianifichi i tuoi pasti, usa ingredienti che si deteriorano rapidamente all'inizio della settimana e conserva quelli più duraturi per dopo.

Esempio: usa verdure fresche e frutta delicata all'inizio della settimana e riserva verdure più sostanziose come carote, patate dolci e zucca per la fine della settimana.

Rimanere motivati con la routine

Tenere il passo con la preparazione dei pasti a lungo termine richiede un po' di motivazione e strategia. Ecco alcuni modi per mantenere l'entusiasmo per la routine di preparazione dei pasti.

1. Stabilisci obiettivi

Stabilisci obiettivi piccoli e raggiungibili per la preparazione dei pasti, come mangiare più verdure, ridurre il cibo da asporto o risparmiare denaro sulla spesa. Obiettivi chiari possono darti un senso di scopo e motivazione per mantenerli.

Esempio: stabilisci l'obiettivo di preparare tre cene salutari ogni settimana o di utilizzare tutti gli ingredienti acquistati per la preparazione di ogni settimana.

2. Incorporare premi

Concediti qualcosa di speciale quando raggiungi un traguardo o trascorri una settimana di preparazione dei pasti di successo. I premi possono rendere il processo più piacevole e gratificante.

Esempio: se completi un mese intero di preparazione dei pasti senza saltarli, regalati un nuovo strumento da cucina o un ingrediente speciale che avresti voluto provare.

3. Celebrare il progresso

Riconosci gli impatti positivi della preparazione dei pasti, come migliori livelli di energia, risparmi sui costi del cibo o riduzione dello stress. Celebrare queste piccole vittorie può aiutarti a mantenerti motivato.

Esempio: tieni un semplice registro dei benefici che noti dalla preparazione dei pasti, come il denaro risparmiato o quanto ti senti più sano. Questo può essere un ottimo motivatore per continuare.

4. Trova supporto

Connettiti con gli altri che preparano i pasti, tramite amici, social media o gruppi locali. Condividere idee, ricette e successi può mantenerti ispirato e far sembrare il processo meno isolato.

Esempio: unisciti a un gruppo di preparazione dei pasti sui social media in cui i membri condividono suggerimenti, ricette e incoraggiamento. Otterrai nuove idee e ti sentirai motivato dalla comunità.

Riepilogo

La preparazione dei pasti può essere una routine molto efficace, ma è essenziale affrontare sfide come il burnout, il deterioramento e la motivazione per mantenerla sostenibile. Cambiando i pasti, conservando il cibo in modo efficace e stabilendo obiettivi raggiungibili, puoi risolvere gli ostacoli più comuni e mantenere la preparazione dei pasti una parte produttiva e divertente della tua settimana.

Capitolo 13

Esempi di piani pasto

La creazione di un piano di preparazione dei pasti può rendere il processo più gestibile e adattato ai diversi stili di vita. Questo capitolo fornisce esempi di piani pasto per iniziare, incluso un piano di 7 giorni per principianti, un piano per professionisti impegnati e piani pasto vegetariani e vegani. Ogni piano include pasti e spuntini facili da preparare, nutrienti e pensati per aiutarti a sfruttare al meglio il tuo tempo in cucina.

Piano alimentare di 7 giorni per principianti

Questo piano per principianti di 7 giorni introduce ricette semplici e pasti bilanciati per aiutarti a preparare i pasti con facilità. Si concentra su varietà e ricette semplici che non richiedono competenze avanzate o ingredienti speciali.

Ingredienti settimanali:

Proteine: petti di pollo, tacchino macinato, uova, fagioli neri in scatola, yogurt greco

Cereali: riso integrale, pasta integrale, avena, tortilla integrali

Verdura: peperoni, spinaci, carote, broccoli, pomodorini, cetrioli

Frutta: mele, banane, frutti di bosco

Altro: Hummus, noci, olio d'oliva, spezie (come sale, pepe, paprika)

Esempio di piano di 7 giorni:

Giorno 1:

Colazione: avena notturna con frutti di bosco e noci

Pranzo: pollo e verdure saltati in padella con riso integrale

Cena: tacos di tacchino e fagioli neri con lattuga, pomodoro e formaggio grattugiato

Spuntino: fette di mela con hummus

Giorno 2:

Colazione: yogurt greco con fette di banana e una spolverata di muesli

Pranzo: insalata verde mista con pollo alla griglia, pomodorini e cetrioli

Cena: pasta integrale con salsa alla marinara e contorno di broccoli al vapore

Spuntino: bastoncini di carote con hummus

Giorno 3:

Colazione: uova strapazzate con spinaci e pane tostato integrale

Pranzo: wrap di tacchino e verdure con contorno di verdure miste

Cena: salmone al forno (o un'altra proteina se si preferisce) con carote e riso arrostiti

Spuntino: yogurt greco con frutti di bosco

(Continua con opzioni bilanciate simili fino al giorno 7)

Preparazione dei pasti per professionisti impegnati

Questo piano è progettato per professionisti impegnati con tempo limitato per cucinare durante la settimana. La maggior parte dei pasti sono veloci, facili da riscaldare e ricchi di sostanze nutritive per sostenere energia e concentrazione.

Ingredienti settimanali:

Proteine: Cosce di pollo, uova sode, tonno in scatola, ceci

Cereali: quinoa, riso integrale, impacchi integrali

Verdure: patate dolci, verdure miste, peperoni, piselli, zucchine

Frutta: uva, arance

Altro: ricotta, burro di noci, condimenti per insalata, erbe e spezie

Esempio di piano settimanale lavorativo di 5 giorni:

Lunedi:

Colazione: ricotta con uva e una manciata di noci

Pranzo: ciotola di quinoa di pollo alla griglia con patate dolci arrostite, zucchine e verdure miste

Cena: verdure arrostite in padella e cosce di pollo alle erbe

Spuntino: fette d'arancia con burro di noci

Martedì:

Colazione: frullato con spinaci, banana, proteine in polvere e latte di mandorle

Pranzo: insalata di tonno con verdure miste, pomodorini e vinaigrette all'aceto balsamico

Cena: ceci e verdure saltati in padella su riso integrale

Spuntino: uovo sodo

Mercoledì - Venerdì:

Ruota pasti simili utilizzando proteine diverse o modificando leggermente i lati per mantenerlo semplice ma vario.

Esempi di piani pasto vegetariani e vegani

Questi piani alimentari forniscono opzioni a base vegetale per soddisfare le preferenze dietetiche senza sacrificare la nutrizione o la varietà.

Ingredienti settimanali per il piano vegetariano:

Proteine: Uova, lenticchie, fagioli neri, tofu, yogurt greco

Cereali: Farro, quinoa, pane integrale

Verdure: cavoli, carote, peperoni, cavolfiori, fagiolini

Frutta: fragole, mango

Altro: avocado, noci, olio d'oliva, spezie

Piano Vegetariano di 5 Giorni:

Lunedi:

Colazione: yogurt greco con fragole e una spolverata di noci

Pranzo: insalata di farro con cavolfiore arrosto, cavolo riccio e ceci

Cena: verdure saltate in padella con tofu e contorno di quinoa

Spuntino: fette di mango con qualche mandorla
Martedì:

Colazione: pane tostato integrale con avocado e una spolverata di semi di chia

Pranzo: zuppa di lenticchie con verdure miste

Cena: peperoni ripieni con fagioli neri, riso e pomodori a cubetti

Spuntino: bastoncini di carote con hummus

(Continua con pasti simili fino a venerdì)

Ingredienti settimanali per il piano vegano:

Proteine: Ceci, fagioli neri, tempeh, hummus

Cereali: riso integrale, cous cous, avena

Verdure: spinaci, zucchine, peperoni, patate dolci
Frutta: banane, frutti di bosco

Altro: burro di noci, latte di cocco, tahini

Piano vegano di 5 giorni:

Lunedi:

Colazione: farina d'avena con fette di banana e una cucchiaiata di burro di mandorle

Pranzo: insalata di cous cous con ceci, cetrioli a dadini e salsa tahini

Cena: tempeh saltato in padella e verdure su riso integrale

Spuntino: Hummus con peperoni a fette

Martedì:

Colazione: ciotola di frullato con frutti di bosco, latte di cocco e semi di chia

Pranzo: wrap di fagioli neri e verdure con salsa

Cena: patate dolci e peperoncino con fagioli neri

Spuntino: fette di mela con burro di noci

(Continua con opzioni simili a base vegetale fino a venerdì)

Riepilogo

Questi esempi di piani pasto ti forniscono una struttura per iniziare con la preparazione dei pasti, adattata al tuo programma e alle tue preferenze dietetiche. Che tu sia un principiante, un professionista impegnato o qualcuno che segue un piano dietetico specifico, queste ricette e strategie sono progettate per aiutarti a preparare in modo efficiente pasti equilibrati. Usa queste idee come base e adatta gli ingredienti in base al tuo gusto e al tuo stile di vita.

Conclusione

La preparazione dei pasti è molto più di una semplice routine in cucina; è un modo efficace per prendere il controllo del tuo tempo, della tua salute e del tuo budget. Nel corso del tempo, i benefici derivanti dalla preparazione costante dei pasti vanno oltre la comodità del cibo già pronto: supportano uno stile di vita equilibrato, promuovono abitudini alimentari più sane e contribuiscono a un maggiore benessere generale. Rivisitiamo i vantaggi della preparazione dei pasti a lungo termine e alcuni suggerimenti finali per aiutarti a rimanere coerente in questo viaggio.

I vantaggi della preparazione dei pasti a lungo termine

Attenersi alla preparazione dei pasti può portare preziose ricompense a lungo termine. Pianificando e preparando i pasti, crei le basi per scelte migliori, meno stress durante i pasti e una maggiore capacità di gestire le tue esigenze dietetiche.

1. Salute e nutrizione

Con la preparazione dei pasti, hai il controllo degli ingredienti e delle dimensioni delle porzioni di ogni pasto. Questo ti aiuta a mantenere una dieta equilibrata e riduce la dipendenza dagli alimenti da asporto o trasformati. Nel tempo, queste abitudini più sane possono supportare la gestione del peso, i livelli di energia e il benessere generale.

2. Risparmio di tempo e costi

La preparazione dei pasti fa risparmiare tempo durante le settimane impegnative e riduce i viaggi spontanei a fare la spesa. Risparmia anche denaro acquistando ingredienti sfusi, consumando ciò che acquisti e riducendo gli sprechi alimentari. Una preparazione coerente dei pasti significa meno notti di cibo da asporto, il che si traduce in un notevole risparmio.

3. Riduzione dello stress

Sapere di avere un piano per i pasti elimina le decisioni dell'ultimo minuto e riduce lo stress di cucinare ogni giorno. La tua cucina organizzata e fornita ti consente di goderti i pasti senza fretta, rendendo più facile conciliare lavoro, famiglia e altre attività.

Suggerimenti finali per rimanere coerenti

Continuare a preparare i pasti può avere i suoi alti e bassi, ma la coerenza ti manterrà sulla buona strada. Ecco alcuni suggerimenti finali per aiutarti a mantenere la tua routine a lungo termine.

1. Imposta una routine

Stabilisci una routine settimanale per la pianificazione dei pasti, la spesa e la preparazione. Metti da parte del tempo ogni settimana che funzioni con il tuo programma e trattalo come una priorità. Preparare i pasti in modo coerente non significa necessariamente preparare ogni pasto: trova un equilibrio adatto al tuo stile di vita.

2. Semplificare quando necessario

Non tutte le preparazioni dei pasti devono essere elaborate. Se hai poco tempo o ti senti sopraffatto, concentrati su ingredienti semplici o nozioni di base per la cottura in lotti che possono essere utilizzati in più pasti. Adattare il tuo stile di preparazione al tuo programma ti aiuterà a rimanere coerente.

3. Rimani flessibile

La vita può essere imprevedibile, quindi mantieni flessibile la preparazione dei pasti. Se un pasto pianificato non viene realizzato, modifica e utilizza gli ingredienti preparati in modi diversi. La preparazione dei pasti è uno strumento che ti supporta, quindi consentigli di adattarsi alle tue esigenze.

Celebrare la preparazione del cibo vince

Mentre prosegui nel tuo percorso di preparazione dei pasti, prenditi del tempo per riconoscere e celebrare i tuoi progressi. Ogni pasto preparato, ogni ingrediente salvato o ogni scelta nutriente fatta è un passo avanti. Apprezza gli impatti positivi, che si tratti di più tempo con la famiglia, di un pasto più sano in una giornata impegnativa o di un'intera settimana senza cibo da asporto. Riconoscere questi successi ti manterrà motivato e ti ricorderà il valore che la preparazione dei pasti aggiunge alla tua vita.

Preparare i pasti è un investimento su te stesso e sulla tua salute. Rendendolo parte della tua routine, crei un'abitudine che non solo migliora la tua vita quotidiana, ma supporta anche i tuoi obiettivi a lungo termine. Congratulazioni per aver fatto questo passo: sei sulla buona strada per un approccio alimentare più equilibrato, organizzato e appagante.

www.ingramcontent.com/pod-product-compliance
Lightning Source LLC
Chambersburg PA
CBHW061650250726
48659CB00004B/1443